KB247741

무엇이 나의 젠더

정체성을 결정할까?

한 입 크기 철학 🔢

무엇이 나의 젠더 정체성을 결정할까?

초판 인쇄 2025년 10월 15일
초판 발행 2025년 10월 20일

지은이 아이다 은디아예
그린이 레아 뮈라비에크
옮긴이 이현
감 수 김석
펴낸이 조승식
펴낸곳 돌배나무
공급처 북스힐
등록 제2019-000003호
주소 01043 서울시 강북구 한천로 153길 17
인스타그램 @bookshill_official
블로그 blog.naver.com/booksgogo
이메일 bookshill@bookshill.co
전화 (02) 994-0071

정가 9,000원
ISBN 979-11-90855-50-1

＊ 잘못된 책은 구입하신 서점에서 바꿔 드립니다.

Qu'est-ce qui fait mon genre ?
Aïda N'Diaye & Léa Murawiec

아이다 은디아예 & 레아 뮈라비에크

무엇이 나의 젠더 정체성을 결정할까?

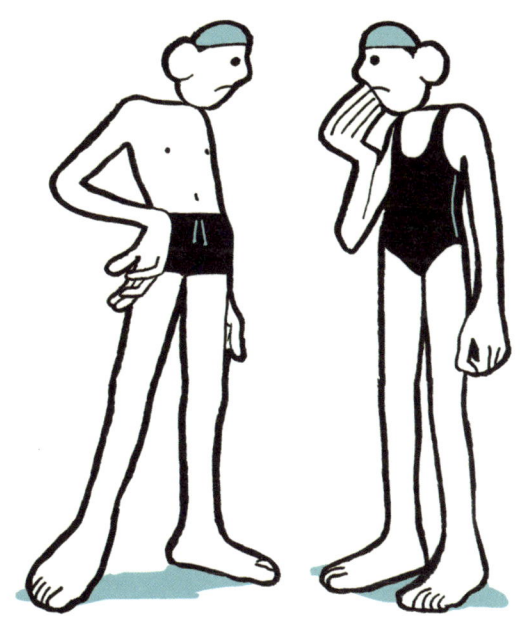

추천사

철학은 꼬리를 무는 질문으로 삶의 의미를 찾는 여행의 나침반

〈한 입 크기 철학〉 시리즈의 새로운 네 권이 우리말로 번역되어 한국 독자들과 만나게 되었다. 네 편의 글은 우리가 살면서 한 번쯤 고민해 봤지만 쉽게 답하기 어려운 딜레마를 다루고 있다. 이는 우리가 일상에서 자주 마주하는 현상이나 문제들, 그리고 논쟁적이면서도 명쾌하게 답하기 어려운 주제에 대한 탐색이 곧 철학의 사명임을 보여 준다.

철학은 지혜를 선사하거나 명쾌한 해답을 제시하는 학문이 아니다. 그래서 철학의 본질은 이론이 아닌 질문 자체이다. 이 시리즈는 일상생활에서 당연하게 받아들이는 문제를 깊이 있게 파고들면서 되돌아보게 한다. 그렇게 다양한 질문을 던지고 성찰하는 과정을 통해, 삶을 맹목적으로 좇기보다는 그 의미를 더 깊이 이해하고 우리를 둘러싼 세계의 복잡성을 깨달을 수 있도록 돕는다. 이론이 아닌 질문 자체가 본질인 철학의 성격을 보여 주며 진정한 '철학하기'의 필요성을 일깨우는 것이다.

한국은 이미 물질적 풍요, 선진화된 사회 인프라, 세계화의 흐름 속에서 새로운 문화와 유행을 선도하는 'K-열풍'을 통해 문화 역량 면에서도 세계적으로 주목받는 국가가 되었다. 하지만 그에 걸맞게 삶의 질이 과거보다 나아졌다고 말하기는 어렵다. 2024년 한 외국인 유튜버가 일부러 한국을 찾아 보도한 바와 같이 한국은 우울과 불안, 자살 등의 문제로 정신적으로 팍팍하고 스트레스가 많은 나라로 인식되고 있다. 실제로 우리 경제 지표는 세계 10위권에 속하지만, 삶의 만족도는 거의 최하위이며 자살률과 사회 갈등 지수도 매우 높은 수준이다.

　왜 선진화된 국가로서의 외형적 척도와 삶의 만족도 사이에 이토록 큰 괴리가 생겨나는 것일까? 여러 원인이 있겠지만 그중 하나는 삶의 의미와 목적, 정체성과 욕망, 공동체에 대해 어릴 때부터 질문을 던지며 성장하지 못해 생긴 몸과 마음의 불균형에 있다. 지나치게 물질적 부와 성장을 중시하고, 서열화를 당연시하며 경쟁을 정당화하는 가치관을 주입해 온 획일적인 교육 역시 중요한 원인으로 지적할 수 있다.

　이러한 경쟁적 환경 속에서 낙오한 사람들은 스스로를 '루저loser'로 여겨 자존감을 깎아내리고, 상위권에 속한 이들은 뒤처지지 않기 위해 끝없는 경쟁에 스스로를 몰아넣는다. 그리하여 한국 사회는 문자 그대로 '피로 사회'가 되었다. 이탈리아 철학자 프랑코 베라르디는 《죽음의 스펙터클》에서 한국 사회의 특징으로 "끝없는 경쟁, 극단적 개인주의, 일상의 사막화, 생활 리듬의 초가속화"를 꼽은 바 있다.

이제는 경제적으로 어느 정도 여유를 누리는 시점에서 인문학에 대한 관심도 조금씩 늘고 있지만, 여전히 우리 청소년들은 가장 고되고 삭막한 입시 환경 속에서 친구들을 밟고서라도 '좋은 대학의 유망한 학과'에 진학하기 위해 청춘을 바친다. 대학에 들어가면 또 좋은 직장과 사회적 지위를 얻기 위해 스펙을 쌓으며 다시 새로운 경쟁이 펼쳐진다. 이런 환경 속에서 '나는 누구인가'라는 질문을 시작으로 한 자기 성찰과 철학적 탐색은 뒷전으로 밀려나고, 생존 경쟁에 내몰린 청년들은 자신을 고가의 상품처럼 계발하며 소모시키고 있다. 이러한 일상이 '사막화된 삶'이라면 우리는 그 속에서 행복과 사랑, 공동체와 같은 삶의 본래 가치를 잃어버린 채 살아가고 있는 셈이다.

〈한 입 크기 철학 시리즈〉는 우리가 한 번쯤 생각하고 토론해 봤을 법한 여러 문제들을 진지하면서도 쉽게 따라갈 수 있게 풀어낸다. 과거 소개된 대표적 질문들로는 '우리 삶의 의미는 무엇인가?', '세계는 어디로 가는가?', '타자와 어떻게 공존할 것인가?', '진짜 나는 누구인가?' 등이 있다. 각

각의 책에서는 이처럼 흥미롭고 민감한 문제를 다루며, 철학이 우리의 삶과 직결된 실질적인 질문들을 다루는 학문임을 다시금 일깨워 준다.

번역자인 이현은 건국대학교 철학과에서 필자의 지도 아래 프랑스 현대 사상가 자크 라캉의 《욕망의 윤리》에 대한 석사 논문을 썼으며, 현재 프랑스에서 박사 과정을 밟고 있는 유망한 연구자이다. 이번 번역서는 그의 첫 출간물로, 철학적 내용은 충실하면서도 부담 없이 읽을 수 있는 적절한 분량의 소책자이다.

아무쪼록 코로나 팬데믹 이후 세계정세와 국가 간 경쟁이 더욱 치열해지고 이에 따라 개인들의 삶도 점점 무거워지고 있는 지금, 잠시 철학적 사유에 몰두해 보는 일이 삶을 돌아보고 새롭게 하는 데 큰 도움이 되기를 바란다. 홀로코스트 생존자이자 《죽음의 수용소에서》의 저자 빅터 프랭클 Victor Frankl은 인간의 불행과 정신적 고통은 삶의 의미를 찾지 못하기 때문이라고 보았고, 그 경험을 바탕으로 삶의 목적과 가치를 발견하는 로고테라피 Logotherapy를 창시했다. 이 책이 지친 일상 속 '사막' 같은 현실에 오아시스처럼 다가와 우리를 잠시 쉬게 하고, 삶의 방향을 점검할 수 있게 돕는 나침반이 되기를 소망한다.

이번 책, 《무엇이 나의 젠더 정체성을 결정할까?》에서는 성과 젠더의 구분은 어떻게 이해하고 극복할 수 있을지를 파고든다.

젠더와 성의 문제는 오늘날 가장 예민한 사회적 이슈 중 하나로 대중적 편견과 고정관념, 그리고 이에 맞서는 급진적 이념이 충돌하는 주요 논쟁의 축이 되고 있다. 성의 문제가 복잡한 이유는 단지 생물학적 구분에만 토대를 둔 것이 아니라 그것을 규정하는 관습과 가치, 그리고 이를 둘러싼 역사적·문화적 환경이 복합적으로 작용한 결과이기 때문이다.

저자가 던진 "무엇이 나의 젠더를 결정할까?"라는 질문은 이러한 거시적 관점을 반영하며, 젠더 문제를 보다 깊이 이해하자는 의도를 담고 있다. 일반적으로 '섹스'가 타고난 생물학적 구별을 의미한다면 '젠더'는 '남성적', '여성적'이라는 형용사로 나타나는 특성과 역할이 사회적으로 구성된 개념으로 본다.

그러나 이 책이 강조하는 핵심은 섹스와 젠더의 사전적 구분 자체보다는, 고전적인 이분법적 사고와 남성·여성에 대한 고정 관념을 해체하려는 문제의식에 있다. 실제로 트랜스젠더와 생물학적으로 두 성별로 분류하기 어려운 간성인의 존재, 그리고 개인의 정체성과 자율성이 더욱 중요해진 현대 사회에서는 이분법적 성 구분보다 연속성과 다양한 스펙트럼을 상정하는 것이 훨씬 더 설득력 있는 접근 방식이다.

더불어 오랫동안 동서양을 막론하고 이어져 온 남성과 여성 간의 수직적 위계 구도를 비판하고 이를 극복하려는 시도 역시 중요하다. 주디스 버틀러Judith Butler가 강조했듯, 젠더는 고정된 본질이 아니라 사회적 관습과 문화적 전통을 통해 반복적으로 '수행'되며 구성된다. 이러한 수행적 구성은 종종 남성에 의한 여성의 지배, 나아가 남성성의 우월성이라는 대중적 인식을 형성하며 이로 인해 젠더 개념에 대한 근본적인 재검토와 변화가 필요하다는 목소리가 높아지고 있다.

치마만다 은고지 아디치에Chimamanda Ngozi Adichie는 "성별은 우리가 세상을 경험하는 방식에 영향을 미친다. 하지만 우리는 그것을 바꿀 수 있다"고 말했다. 이 문장은 이 책의 결론을 잘 대변한다. 젠더와 성적 행동은 단지 개인적인 선택이나 본성의 문제가 아니라, 상징 질서와 사회 구조 속에서 강제되고 규율된다는 사실을 인식하는 것이 중요하다.

그리고 이러한 수직적이고 이분법적인 가치관은 여성뿐 아니라 남성에게도 억압적으로 작용한다. 남성 또한 '남성다움'이라는 내면화된 고정 관념, 즉 내적 이데올로기에 의해 규정되며 이는 결국 젠더 질서가 모두에게 영향을 미친다는 점을 보여 준다.

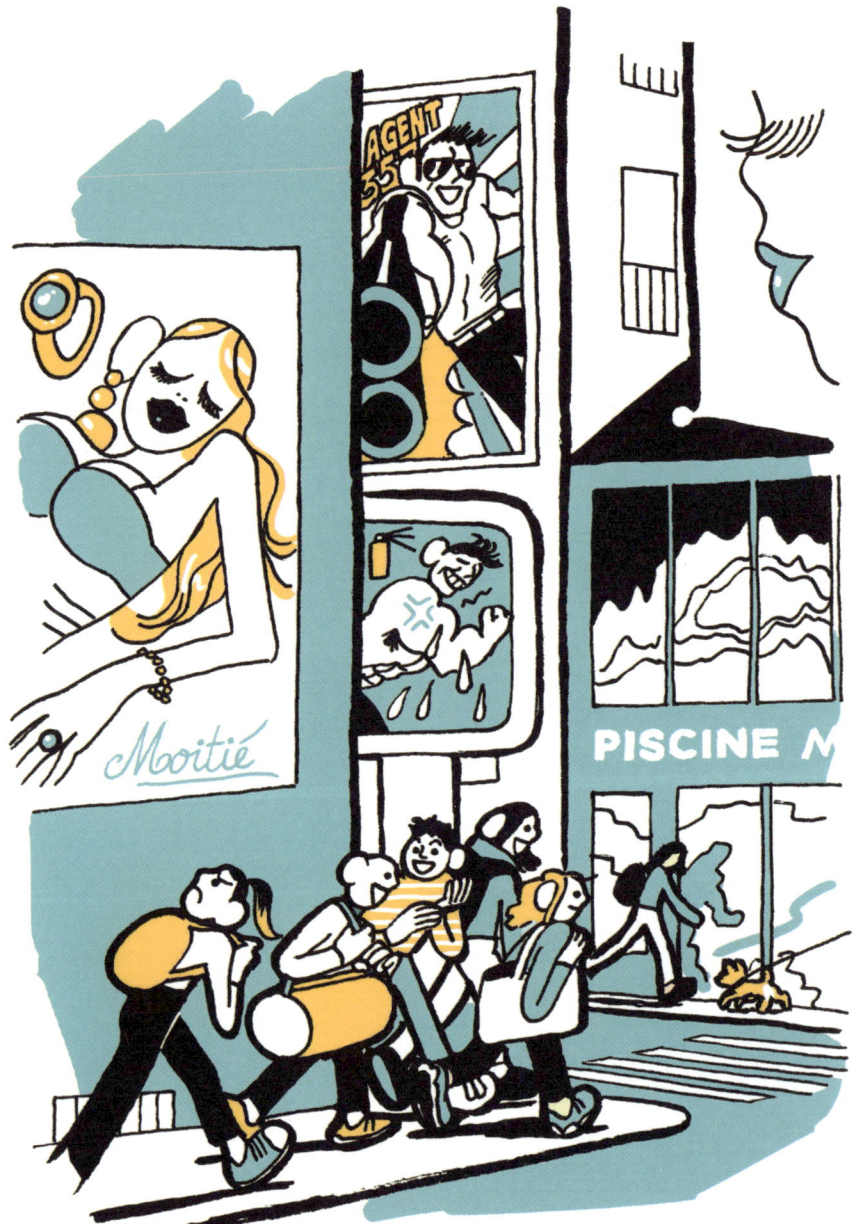

성차별적
고정 관념

2017년, 기업 입생로랑 Yves Saint Laurent은 극도로 마른 몸매, 성형을 한 얼굴이나 몸매, 인형처럼 포즈를 취하고 롤러스케이트를 탄 채 장난감처럼 연출된 누드모델 등 매우 성차별적인 고정 관념을 전달하는 광고 캠페인을 중단해야 했다. 남성 향수 광고처럼, 오직 신체적인 매력으로 여성을 유혹하는 남성의 능력을 바탕으로 고정 관념적인 남성성을 표현하는 경우가 여전히 많다. 이러한 이미지는 영화, 비디오 게임, 리얼리티 쇼, 아동 문학 속에 여전히 남아 있으며 이를 통해 오늘날에도 여전히 많은 행동을 규율하는 성 규범은 유지되고 강화되고 있다.

하지만 2020년 11월에 발표된 프랑스 여론 연구소 Ifop, Institut français d'opinion publique 설문조사에 따르면 18~30세의 20퍼센트 정도가 자신을 여자도 남자도 아닌 존재로 규정하며, 두 가지 성별만 존재하는 이분법에서 벗어나고 싶다는 욕구를 드러냈다. 그렇다면 남성성과 여성성에 대한 고정 관념이 여전히 강력한 이유는 무엇일까? 성별에 대한 고정 관념에서 벗어나고자 하는 사람들이 있는 이유는 무엇일까? 어떻게 하면 그 틀에서 벗어난 생각을 할 수 있을까?

성별과 젠더의
차이점은 무엇인가?

성별은 생물학적 요소와 관련된 개념이다. 신생아에게는 성별이 지정되며, 출생 신고를 하기 위해 여아 또는 남아로 간주되어야 된다. 대부분의 경우 출생 시 또는 산전 초음파를 통해 생식기를 관찰하여 성별이 결정된다. "여자아이야!" 또는 "남자아이다!"는 흔히 사람들이 아이에 대해 가장 먼저 하는 말이다.

반면 젠더는 '여성적'이든 '남성적'이든 하나의 구성적인 요소이다. 머리에 가발을 쓰고 발에는 하이힐을 신고 어깨에는 모피를 두른 루이 14세의 초상화만 봐도 젠더의 사회적, 역사적, 문화적 차원을 이해할 수 있다.

'남성'인지 '여성'인지의 구별은 생식기나 법적인 성별뿐만 아니라 옷, 목소리, 헤어스타일 등 여성 또는 남성으로 인식되는 일련의 징후와 행동을 통해서 이루어진다. 이로 인해 생물학적 남성과 여성이 전적으로 '남성' 또는 '여성'으로 식별될 수 있다. 따라서 사회적 공간에서 생물학적 성이 남자인 개인이 여성적 젠더로 인정되는 것이 가능하며, 그 역도 마찬가지이다. 드라마 〈유포리아Euphoria〉에서 태어날 때 남자아이의 성별을 부여받은 트랜스젠더 10대 소녀 줄스는 긴 머리, 목소리, 짧은 치마, 화장 등 '여성의' 특징인 외모로 인해 소녀로 인식되었다.

성별과 젠더 간
관계의 역사

성별과 젠더의 이러한 구분은 두 가지 성별 중 하나로 분류하기 어렵거나 불가능한 간성인 personnes intersexuées에 대한 연구에서 비롯된 것이다. 성별은 염색체(여아의 경우 XX, 남아의 경우 XY), 생식선(내부 생식 기관), 해부학적 특징(생식기), 생식질(생식세포, 정자 또는 난자 생성) 및 호르몬 등 여러 가지 기준에 따라 생물학적으로 결정된다. 우리는 외음부의 관찰을 통해 XX 염색체를 추론한다. 그리고 난소와 난자의 존재, 에스트로겐의 생산, 음경의 관찰을 통해 XY 염색체를 추론한다. 이러한 모든 요소들은 어느 정도 일관성이 있다.

그러나 얼굴에 털이 많은 XX를 가진 개인 또는 비정형염색체(XXY) 등, 2~4퍼센트의 사람들은 염색체와 호르몬이 불일치하기 때문에 기존의 기준으로 성별을 결정하는 것이 불가능하다. 1950년대, 미국의 심리학자이자 성과학자인 존

머니John Money는 간성 아동을 연구하면서 의사와 심리학자들이 간성 아동의 젠더를 '재할당'하는 것이 가능하다는 점을 발견했다. 이 한 아이가 자기 자신을 인식하기 이전에, 타고난 성별과 무관하게 누군가에 의해 여성 혹은 남성의 신체적·심리적 정체성을 '구성'하는 것이 가능하다는 뜻이다. 이를 통해 생물학적 요소는 우연한 요인이며, 반드시 젠더 정체성을 결정하지는 않음을 알 수 있다.

시몬 드 보부아르Simone de Beauvoir는 《제2의 성》(1949)에서 이미 "우리는 여자로 태어나는 것이 아니라 여자가 된다."라는 유명한 공식을 통해 성별과 젠더를 구분했고, 이와 마찬가지로 우리는 남자로 태어난 것이 아니라 남자가 되는 것이라고 말할 수 있다. 젠더는 선천적인 것이 아니라 후천적인 것이며, 생물학적인 것이 아니라 사회적이고 문화적인 것이다.

젠더 연구란
무엇인가?

이후 젠더 연구, 특히 영국 사회학자 앤 오클리Ann Oakley의 연구를 통해 페미니스트 사상은 남성과 여성 간의 지배 관계를 개념화하고 이러한 지배에 맞

"

중요한 것은
여성의 작은 이점과
남성의 작은 이득을
비교하는 것이 아니라,
모든 걸 창밖으로
집어던지는 것이다.

"

베르지니에 데스펜테스
Virginie Despentes

서 싸우는 정치적이고 사회적인 집단 정체성을 구축할 수 있게 되었다. 이를 계기로 페미니즘 과학 철학이 발전했으며 중립적이고 객관적이라고 간주되는 우리 지식 체계의 관점이 실은 남성의 입장을 반영하고 있음이 드러났다. 예를 들어, 여성적인 것으로 간주되는 주관성은 평가 절하되었다. 이러한 평가 절하는 순수하게 이성적인 원칙을 위해 감성을 거부하는 고전적 도덕성 발전의 중핵이었다. 이에 맞서 철학자 캐롤 길리건이 고안한 돌봄care의 윤리는 전통적으로 여성에게 부여된 돌봄(출산뿐만 아니라 병자나 노인을 돌보는 일)을 바탕으로 감수성(공감 능력)을 통합하고 각 개인의 특수성을 고려하는 정의(正意)를 제안한다.

이러한 비판은 우리의 지식이 세계를 표현하는 과정에서 발생하는 성차별적인 편견 역시 지적하고 있다. 예를 들어, 의료 분야에서 여성은 특정 질병을 제대로 치료받지 못한다. 고정 관념에 길들여진 의사들은 여성의 통증이 남성보다 심리적 문제에서 기인하거나 불안 발작과 연관됐다고 섣불리 가정하고, 이는 심근 경색 발생 시 더 큰 사망률로 이어지게 한다.

그래서 젠더에 대한 질문을 하는 것은 주로 여성들이다. 또한 이러한 분석을 통해 여성들은 가정과 공적 영역에서 겪는 국가 폭력, 역사에서의 여성의 지워짐, 가부장제가 만들어 낸 구조적 부당함을 깨닫게 된다. 물론 이러한 젠더 연구로 인해 상황은 변화하고 있지만, 오늘날에도 여전히 젠더에 대해 생각한다는 것은 남성성보다 여성성에 대해 더 많이 생각함을 의미한다.

성별은 단지 자연적인 것인가?

성별과 젠더의 구분은 여성성과 남성성에 대한 성찰의 출발점임이 분명하지만, 젠더적 사고

의 첫 단계 중 하나는 이를 의심하는 것이었다. 1984년 사회학자 콜레트 기요맹^{Colette Guilaumin}은 이러한 구분이 성별을 '피할 수 없는 현실'로 보이게 만들 위험성을 지적했다. 통념과 다르게 간성인의 존재는 실제 자연의 성이 이분법적이지 않고 연속적인 스펙트럼 속에 있음을 시사한다.

대부분의 경우에 건강한 간성 아동에게 성을 '재할당'하기 위해 자행되는 수술의 목표는 무엇보다도 이성애 규범을 충족하는 것이다. 즉 이 수술의 목표는 간성 아동을 삽입할 수 있는 음경을 가진 소년과 삽입될 수 있는 질을 가진 소녀로 '구성'하는 것이다. 철학자 엘자 도를랑^{Elsa Dorlin}은 이러한 재할당을 결정하는 것이 종종 성기의 크기라고 말한다. "2.5cm 이상은 음경을 '제조'하고, 그 아래는 질과 음핵을 '제조'하려고 시도한다." 2016년 유엔 아동 권리 위원회와 UN 고문 방지 위원회는 프랑스에서 종종 매우 심각한 신체적·심리적 후유증을 초래할 수 있으며, 때로는 실제 신체 훼손에 해당하는 이러한 수술이 시행된 것을 규탄했다. 예시로 외소음경^{Micropenis}을 비운 다음 음경 조직을 뒤집어 질로 변형하는 경우도 있었다. 부모들이 자녀의 장래를 걱정하여 아주 어린 나이부터 그러한 수술을 허용한다고 해서 우리가 그 적절성에 대해 의문을 제기할 수 없는 걸까?

즉 젠더가 성별을 먼저 결정한다. 젠더는 여성과 남성의 자연적인 성별 구분에서 비롯된 것이 아니다. 오히려 우리가 생물학적 성별을 엄격하게 이분법적으로 생각하는 이유는 가족을 기반으로 한 사회 질서, 즉 남여의 대립을 기반으로 한 이성애적 규범을 구축해 왔기 때문이다.

젠더는 단지
문화적인 것인가?

그런데 우리 몸은 어떻게 이해해야 할까? 젠더에는 자연적인 요소가 전혀 없는가? 그렇다면 생식의 문제는 어떻게 볼 것인가? 지금까지는 여성만이 아이를 낳을 수 있었기 때문에, 우리의 표현에서 신체와 생물학적 요소를 완전히 제거하기란 쉽지 않다.

시몬 드 보부아르는 '여성이란 무엇인가?'라는 질문에 답하기 위해 남성의 '몸'과 여성의 '몸'의 경험에 대한 근본적인 차이에 대해 말한다. 여성에게 몸이 있다면, 그것은 '타자를 위한' 것이다. 어린 소녀에게 가슴의 발달은 공공장소에서 남성의 시선, 말, 때로는 자신을 성적 대상화하는 제스처의 대상이 되는 일을 배우는 것을 의미한다. 마찬가지로 월경

의 시작이나 모성의 경험은 여성이 자신이 종의 번식을 위한 도구가 되고, 자신의 몸에 대한 일정한 통제력을 잃는다는 것을 의미하지 않는가?

정신분석가 앙투아네트 푸크Antoinette Fouque에 따르면, 자연적 차이를 옹호하는 '성차' 페미니즘 에 있어 여성의 생식능력은 독특하며 심지어 '훌륭한' 것이라고까지 표현된다. 이들은 각 개인의 차이와 신체의 특수성 그리고 그들의 출산 능력에 대한 인정을 바탕으로 한 평등을 주장한다. 반면임신 중절과 피임에 대한 권리를 중시하는 다른 페미니스트들에게 이러한 주장은 출산과 이성애를 통해 여성의 몸을소외시키는 것으로 여겨진다.

그러나 생물학적으로 불변하는 것이 있다고 주장하는 본질주의나 자연주의를 거부한다고 해서 반드시 젠더의 문제에서 몸의 문제를 배제하는 것은 아니다. 철학자 카미유 프루아드보 메트리Camille Froidevaux-Metterie는 몸과 내밀성이 조화된 페미니즘 및 여성성의 부흥을 지칭하기 위해 '페미니즘의 생식적 전환'에 대해 말한다. 예를 들어 그녀는 최초의 브래지어부터 모유 수유, 그리고 노년기에 이르기까지 여성이자신의 가슴과 맺는 소외와 해방 사이의 복잡하고 다양한관계를 살펴본다.

만화 《리브르Libres》에서 오비디는 여성들이 종종 부끄러워하는 생리 및 체모나 음경과 관련된 표현들은 있는데, 외음부에 관한 표현은 없다는 사실에 의문을 제기하며 여성들이 이에 대한 억압에서 벗어나도록 독려한다. 이와 마찬가지로 마이아 마조레트Maïa Mazaurette[1]의 글들은 수동적인 것으로 인식되었던 여성의 섹슈얼리티에 대해 다시 생각하고, 역사적으로 여성에게 금지되었던 쾌락에 대한 탐구를 되찾을 수 있게 해 준다.

철학자 올리비아 가잘레Olivia Gazalé에 따르면, '남성다움의 신화'를 중심으로 한 남성성의 구성은 신체와도 밀접히 관계되어 있다. 남성들의 제모에 대한 일반적인 생각, 남성적인 수염, 남성들이 배우고 사회화되는 과정에서 스포츠가 차지하는 위치, 포르노에서 남성의 정력과 성행위를 드러내는 표현들을 생각해 본다면 젠더는 생물학적이면서 동시에 사회적이기도 하다.

---

1) (1978~) 프랑스의 칼럼리스트. 주로 섹슈얼리티, 젠더, 사회적 소수자, 신체에 대한 문제들을 중심으로 글을 쓴다.

젠더는 사실인가,
아니면 사회적 규범인가?

　　　　　　　　여성성과 남성성은 단순히 한 사람의 성별을 설명하는 서술적인 개념이 아니다. 더 '여성적인' 여성 혹은 더 '남성적인' 남성이란 무엇인지나 '이상적인' 남성 혹은 여성에 대해 생각해 본 적이 없는가? 이러한 맥락에서 성 규범은 '이상적인 남성', '이상적인 여성'과 같은 표현이 함의하는 바를 설명하기 위해 사용된다. 2017년 미국의 한 연구에 따르면, 대다수의 남녀가 이성애 커플에서 주된 수입을 남성이 벌어야 한다고 생각한다.

　대다수의 사람들이 따르는 행동의 '평균'이자 사회적으로 규정된 규범에 따르면, '진짜' 여성과 '진짜' 남성 그리고 그밖의 다른 사람들이 있다. 미국의 철학자 샐리 해스랭어Sally Haslanger에 의하면, 이러한 규범은 "개인이 자신의 '젠더'에 대해 '좋은 예시'로 판단되는 표준"으로 기능한다. 물론 일부 국가에서 여전히 동성애가 억압받고있지만, 법률은 아니므로 이를 어긴다 하여도 범죄는 아니다. 그러나 그 규범을 준수하지 않았을 때의 위험은 매우 현실적이다. 아무리 개방적인 사회라도 이 규범을 어긴 사람은 파트너나 일자리를

찾는 데 어려움을 겪는 경우가 많다. 길거리에서 키스하는 두 남성이 겪는 신체적, 동성애 혐오적 폭력까지 시간과 공간을 벗어나 우리가 볼 수 있는 폭력들은 다양하다. 매니큐어를 바른 남자 은행원을 상상할 수 있는가? 그리고 여성 축구 선수들이 너무 '남성적'이라는 이유로 여자 축구를 보는 것을 즐길 수 없는 이유는 도대체 무엇일까? 많은 여성 잡지의 표지는 말할 것도 없다.

따라서 우리는 젠더를 선천적으로 가지지 않는다. 주디스 버틀러Judith Butler의 《젠더 트러블Gender Trouble》(1990)에 따르면, 우리는 젠더에 걸맞는 역할을 '수행'한다. 즉, 영어에서 'perform'이 '연기하다'를 의미하듯 우리는 젠더를 연기한다. 우리는 사회가 우리에게 기대하는 역할을 수행함으로

써 젠더를 형성한다. 화장을 하고 '연기'함으로써 소녀가 되고, 싸움을 하며 '연기'함으로써 소년이 된다. 파티에 가기 위해 화장을 하거나 하이힐을 신는 것은 그 역할 놀이, 퍼포먼스의 일부가 아니겠는가? 아니면 남자아이들이 여자아이들이 보는 앞에서 과격하게 행동함으로써 자신의 '남성성'을 과시하며 소란을 피우는 것 역시 마찬가지 아닐까?

주디스 버틀러가 여성성을 과시하는 드래그 퀸drag queen[2]을 관찰하면서 도달한 결론은 그렇다. 물론 드래그 퀸이 보여 주는 과잉과 스펙터클은 실제로 우리 모두가 현실 속에서 하는 일들을 과장한 것이다. 수행(연기)한다는 것은 또한 젠더를 실현하고, 그 젠더 규범을 현실적이면서 효율적인 것으로 만듦을 의미한다. 사실 생물학적으로 나의 젠더가 결정하는 것은 없기 때문에, 내가 선택할 수 있는 '역할 놀이'는 다양하다. 그러나 우리는 다양한 가능성이 있음에도 불구하고 특정 '역할 놀이'의 반복을 통해 젠더를 획득한다.

[2] 스커트, 하이힐, 화장 등 옷차림이나 행동을 통해 과장된 여성성을 연기하는 남자를 일컫는 말. 주로 유희를 목적으로 한 연기(퍼포먼스)의 일종이다.

젠더의 이분법에서
벗어나야 하는가?

규범의 관점에서 본다면, 젠더는 이분법적이기에 인간을 제약하는 원인인 듯하다. 젠더는 시민 신분을 뜻하는 만큼 인간은 둘 중 하나이거나, 둘 다이거나, 둘 다 아닌 것은 자명해 보인다. 2020년 5월 헝가리는 트랜스젠더의 시민 신분 변경을 금지하고 성별을 출생 시점의 것으로만 정의했으며, 심지어 11월에는 '어머니는 여성, 아버지는 남성'이라고 헌법에 명시하는 개정안 초안을 상정하기까지 했다.

위의 사례까지 가지 않더라도, 성 이분법적 시스템에서 트랜스젠더 또는 논바이너리는 어떻게 받아들여질 수 있을까? 태어났을 때의 성별과 젠더가 일치하는 시스젠더와 달리 트랜스젠더는 태어났을 때의 성별과 젠더가 다른 것을 의미한다. 그러나 이분법적인 성 규범과 출생 시 성별을 부여하는 시민적 지위가 존재하기 때문에 젠더를 전환하는 여정은 매우 복잡하다.

철학자 폴 B. 프레시아도Paul B. Preciado는 처음부터 남성이 되려고 한 것이 아니라, 더 이상 여성이 되지 않기 위해 여성에서 남성으로 '전환'한 과정을 이야기한다. 그러나 신분

증에 표시된 성별과 사회적으로 확인된 성별의 불일치는 사소한 행정 절차에서도 장애물이 되었다. 그래서 결국 프레시아도는 어쩔 수 없이 자신의 시민 신분, 즉 이름과 신분증에 표시된 성별을 변경하게 되었다.

세바스티앙 리프쉬츠 Sebastien Lifshitz의 다큐멘터리 〈어린 소녀 Petite Fille〉는 출생 시 남성으로 지정되었으나 성 정체성이 여성인 딸 샤샤가 자신의 성 정체성에 따라 학교에서 드레스와 치마를 입을 권리를 얻기 위해 엄마가 고군분투하는 과정을 그린다. 이러한 방식으로 이 영화는 이분법적인 사회에서 젠더의 전환을 시도하는 사람들이 직면하는 장애물들을 보여 준다.

논바이너리는 남성 또는 여성으로 식별되기를 거부하는 사람들로, 젠더가 자신의 정체성을 구성하는 본질적인 요소가 아님을 의미한다. 이는 사회 질서와 기존의 젠더 개념을 뒤흔들 수 있다. 대부분의 경우 이분법적인 화장실이나 탈의실의 문제든, 더 상징적으로 여전히 성별에 따라 구분되는 언어(특히 프랑스어)의 문제든 논바이너리는 이분법적 체계에서 구현되기 매우 어렵다. 그러므로 최근 네덜란드에서 성별을 시민 신분에서 삭제하거나, 독일에서 다양한 혹은 중립적인 제3의 성별을 등록한 것처럼 이분법에서 벗어

"

성별은
우리가 세상을
경험하는 방식에
영향을 미친다.
하지만 우리는
그것을 바꿀 수 있다.

"

치마만다 은고지 아디치에
Chimamanda Ngozi Adichie

나야 하며 이를 통해 많은 것을 얻을 수 있다.

또한 이분법과 성 규범에 대한 거부는 이성애적 규범에서 젠더의 문제와 연결되는 투쟁, 창의성, 자아의 재창조를 위한 공간인 퀴어적 세계를 구성할 수 있게 해 준다. 퀴어적 세계에서 비주류적인 성 정체성을 지닌 이들은 그들의 젠더적 소속감을 자유롭게 표현할 수 있다. 사회학자 플로리안 뵈로스Florian Vörös에 따르면, 퀴어들은 "다양한 방식으로 자유롭게 실험할 수 있다." 예를 들어 강력한 쾌감을 느끼는 영역인 전립선을 항문 삽입을 통해 자극하는 것은 대부분의 이성애자 남성에게는 여전히 상상할 수 없는 행위이다. 퀴어 가수 키디 스마일이 2019년, 매우 격식 있는 행사인 칸 영화제에서 화려한 드레스를 입고 무대에 올랐을 때 그는 기존의 코드를 깨는 것이 얼마나 큰 기쁨을 주는지 엿볼 수 있었다.

젠더 사이의 지배라는 관계에서 벗어날 수 있을까?

근본적으로 젠더의 이원성은 우리 모두에게 의문을 불러일으키는데, 두 젠더의 구분은 단순히 설명하기 위한 행위만이 아니라 위계질서를 확립하기 남성이 된다는 것은 무엇보다도 여성이기를 거부하는 것이지만, 자신을 여성이라고 주장하는 것은 근본적으로 남성이기를 거부하는 것이 아니다. 사실, 여성이 '보이프렌드' 진 같은 '남성적인' 옷을 입거나 '남성적인' 직업에서 일하는 것은 남성이 '여성적인' 옷을 입거나 '여성적인' 직업에서 일하는 것보다 훨씬 쉽다. 오늘날에도 남성이 조산사와 같은 직업을 갖는 것은 흔치 않듯이 말이다. 따라서 분류하고 구별하는 것은 결코 단순한 구분이 아니다.

사회학자 크리스틴 델피는 "위계는 분할 후가 아니라, 분할의 의도와 함께 오거나 심지어 그보다 4분의 1초 일찍 온다."고 말한다. 그리고 당연히 지배하고 자신을 표준으로 강요하는 것은 남성이다. 여성은 남성의 열등한 타자로서만 존재한다는 시몬 드 보부아르 사상의 출발점이 바로 여기이다. 프로이트는 심지어 여성 특유의 박탈감을 묘사하기 위해 '남근 선망'이라는 용어까지 사용했다!

철학자 모니크 비티그Monique Wittig에 따르면, '레즈비언은 여성이 아니다'라는 이성애적 규범에 의해 이 문제는 더욱 복잡해진다. 즉 여성은 이성애 부부 관계 속 가사 노동과 출산에 기반한 지배 관계에서 남성과 대립되는 존재로만 여

겨진다. 그러나 2020년 코로나 봉쇄 당시 혼자서 모든 가사을 떠맡아 본 사람들이라면 이런 사실에 전체가 동의하지는 않을 것이고, 오히려 반대할 것이다. 여성 신체의 전유와 지배는 마거릿 애트우드_{Margaret Atwood}의 소설 《시녀 이야기_{The Handmaid's Tale}》와 이를 원작으로 한 TV 시리즈의 핵심 주제이다. 출산율이 급감하는 세상에서 가임 능력을 가진 여성은 전체주의적, 종교적, 가부장적 권력을 휘두르는 과두적인 사회에서 부부 관계를 위해 봉사하는 노예로 전락하게 된다. 이런 의미에서 여성이 된다는 것은 무엇보다도 남성이 아니라는 것이며, 종의 번식을 위해 남성에게 필요한 상대가 되는 것이다.

남성이 여성을
지배하는 이유는 무엇인가?

여성성과 남성성의 구분은 자연적인 현실을 설명하기 위해서가 아니라 남성이 지배하기 유리한 사회적 공간을 구성하기 위해 존재한다. 그렇다면 사회적으로나 문화적으로도 수적으로도 소수가 아닌데, 왜 남성이 여성을 지배하고 여성은 남성의 지배를 받아들이는 걸까?

인류학자 프랑수아즈 에리티에Françoise Héritier에 따르면, 남녀의 지배 관계 속에서 독특한 지점은 바로 여성만이 가지고 있는 생식 능력과 그로부터 비롯된 권력이다. 그러니까 남성의 지배는 남녀의 근본적인 차이에서 비롯된 것이며 남성에게 자연적으로 부여되지 않은 것, 즉 딸과 아들을 출산할 수 있는 능력을 남성이 장악하기 위한 수단이라고 할 수 있다. 일부 국가에서는 범죄로 간주되기도 하는 남성이 아닌 여성의 간통에 대한 강한 도덕적 비난, 여성의 공적 영역을

사적이고 가부장적인 잣대로 판단하는 것, 여성의 순결에 대한 과대평가, SNS가 조장하는 여성 혐오적 낙인찍기slut-shaming 등은 모두 남성이 여성이 지닌 생식 능력을 점유하고 있음을 보여 준다. 더욱 비극적인 것은 성폭력이나 가정 폭력 피해자의 대다수가 여성인 반면 가해자는 남성이라는 사실이다. 그리고 파트너와 헤어지려고 할 때, 이를 받아들이지 못하고 상대를 살해하는 경우 가해자는 대부분 남성이다. 이는 가부장제 사회에서 여성의 몸을 소유하려는 시도가 계속되고 있음을 증명한다.

여성은
왜 남성에게 복종하는가?

하지만 남성이 여성을 지배하는 것은 여성이 복종하기 때문이 아닐까? 어머니들은 본인이 '모든 일을 도맡아 하고 싶어 한다'거나 다른 사람에게 '일을 넘길 줄 모른다'고 비판받곤 하지 않는가? 사회학자 피에르 부르디외Pierre Bourdieu는 《남성 지배La Domination Masculine》(1998)에서 지배가 어떻게 행사되는지 다음과 같이 설명한다.

그것은 '상징 폭력'의 한 형태로서 피지배자가 그것을 뒤

집을 수 있는 도구를 갖지 못하기 때문에 유지되며, 이러한 지배를 '자연스러운' 것으로 생각하게 만든다. 남성적인 언어가 여성적인 언어보다 우세하고, 짧은 육아 휴직 등의 예시처럼 제도가 여성에게 불리할 때, 우리가 이용할 수 있는 언어나 제도 같은 '지적 도구'는 중립적이라고 주장된다. 그러나 이러한 지적 도구들이 사실은 남성의 관점을 채택하고 있다는 사실을 고려할 때, 여성은 자신이 겪는 지배에 대항하기 위해 실제로 어떤 수단을 사용할 수 있을까? 그렇다면 이러한 틀과 표상 안에서 자신을 구성함으로써 '일종의 조직적 자기 비하를 넘어선 자기 폄하' 속에서 스스로 지배의 공

모자가 되는 것을 어떻게 피할 수 있을까?

따라서 지배와 복종을 개인의 의지에 따른 행동으로 보는 대신 사회적, 상징적 구조의 관점에서 생각해야 한다. 여성이 복종하는 것은 상징 폭력의 원리가 여성으로 하여금 자신에 대한 지배에 가담하게 만들기 때문이며, 그들에게 책임을 물을 수 없다. 그리고 여성은 성 규범을 따르지 않을 경우 많은 것을 잃게 된다. 마농 가르시아^{Manon Garcia}의 《여성은 순종적으로 태어나지 않는다^{On ne nait pas soumise}》에서 볼 수 있듯 여성은 모성을 거부하는 등 복종하지 않을 수는 있지만, 그 대가로 다소 폭력적인 사회적 배제와 제재를 감수해야 한다.

"

남성은
성차별에 의해
착취당하거나
억압받지는 않지만,
그 결과로 인해
특정 방식으로
고통받는다.

"

벨 훅스
bell hooks

그렇다면
남성은 어떤가?

여성이 여성으로 태어난 것이 아니라 여성으로 만들어지는 것이라면, 남성 또한 남성으로 태어난 것이 아니다. 1995년 호주의 사회학자 래윈 코넬 Raewyn Connell은 이성애, 지배와 권력, 심지어 동성애 혐오와 여성 혐오를 포함하는 '헤게모니적 남성성'을 다른 형태의 남성성과 대조하면서 이에 문제를 제기했다. 이러한 '패권적 남성성'의 전형을 아주 완벽하게 보여 주는 도널드 트럼프 Donald Trump는 때로 해롭게 묘사된다. 따라서 모든 지배자들은 성 고정 관념을 강요하고, '진정한' 남성이 되도록 교육받은 남성은 스스로에게 자발적으로 지배를 받는다고 할 수 있다.

사회학자 플로리안 뵈로스는 백인 중산층의 포르노 소비 행태를 살펴보았다. 이 조사는 남성성의 표상이 성 정체성, 계급, 출신에 따라 어떻게 구성되고 우선순위가 정해지는지 보여 준다. 연구 결과에 따르면 백인들은 흑인이나 아랍 남성에게는 '과도한' 남성성에 대해 위협적인 이미지들을 떠올리는 반면 아시아 남성에게는 여성성, 즉 남성성의 부족과 관련된 이미지를 떠올렸다.

젠더에 대해 더 명확하게 생각하려면,
젠더를 뛰어넘어야 할까?

이러한 남성성 내부의 지배 관계는 젠더 프리즘만으로는 현실 사회와 각 개인의 실제 정체성을 충분히 설명할 수 없음을 시사한다. '남성성'에 대해 이야기하는 것이 지나치게 일반화되어 있다면, '여성성'은 그에 못지않게 다양하고 이질적이다. 미국의 변호사 킴벌리 크렌쇼Kimberlé Crenshaw의 사례와 더불어 1990년대에 교차성 개념이 등장했다. 이 개념은 성차별 피해자로'만' 혹은 인종 차별의 피해자로'만' 인식되는 흑인 여성들이 겪는 매우 특징적인 차별을 지칭한다. 이 성차별과 인종 차별은 서로 겹칠 수 있고, 심지어 단순히 다른 둘의 합이 아닌 특정한 형태로 이어질 수 있다. 교차성은 이를 이해하는 데 도움이 된다.

미국의 철학자 엘리자베스 스펠만Elizabeth Spelman은 "(여성이) 겪는 억압은 그녀가 어떤 '유형'의 여성인지에 따라 달라진다."고 말한다. 한 사람의 억압은 백인인지 흑인인지, 이성애자인지 동성애자인지, 노동 계급인지 중산층인지, 남성인지 여성인지에 따라 달라지며 모든 사람이 같은 현실을 겪지는 않는다. 일부 상류층 여성들의 일은 청소부, 간병인, 계산원, 보모 등 다른 하류층 및 종종 '인종적인 편견의 대상이 되는' 여성들의 도움을 받는다. 그러한 여성들이 평가 절하되고 저임금에 시달리는데, 과연 노동이 모든 여성에게 해방의 수단이 될 수 있는가? 남성 역시 마찬가지로 동성애자나 블루칼라 노동자라면, 이성애자 남성이나 경영인 등과 같은 지배와 권력의 위치에 접근할 수 있는 것은 아니다. 따라서 젠더에 대해 보다 폭넓게 생각하려면 공공 영역에서 다양한 입장과 경험을 고려하기 위해 이러한 교차적 관점을 채택하는 것이 적절하다.

여전히 광고와 이미지들이 압도적으로 성차별적이고 고정 관념적인 반면, 다른 형태와 표준들 역시 서서히 등장하고 있다. 최근 질레트Gillette 면도기 광고에는 젊은 동성애자가 등장했으며, 드라마 〈유포리아〉에서 트랜스젠더인 10대 청소년 줄스는 여느 캐릭터와 다를 바 없는 인물로 등장했다. 또 소피 르토어뉴Sophie Letourneur의 영화 〈이노머스 Énorme〉에서 남편 프레드는 아이를 갖고 싶은 욕구가 강하지만 아내는 자신의 커리어를 선호해 아이를 갖지 않는 인물이다. 이제 생리대 광고에서 생리혈은 파란색이 아닌 빨간

색이다. 넷플릭스 시리즈 〈오티스의 비밀 상담소〉는 다양한 섹슈얼리티와 성 정체성을 기반으로 제작되었다. 그리고 2017년부터는 팟 캐스트 〈테이블 위의 공들Les Couilles sur la table〉에서 남성성을 탐구하고 해체하고 있다.

안타깝게도 2020년의 팬데믹과 제한적인 상황은 이러한 표현이 실천으로 이어지기에는 충분하지 않다는 사실을 보여 주었다. 그리고 여성의 권리와 성 평등 측면에서 이룬 성과는 위기 상황에서 여전히 취약하고 위협받고 있다. 우리가 쟁취한 권리가 아직 많은 국가에 도달하지 못했다는 사실은 말할 것도 없다. 젠더에 관한 생각은 행동으로 이어진다. 젠더에 대해 생각하는 것은 이미 그것을 해체하는 것이기 때문이다. 그리고 우리를 소외시키는 규범들로부터 자유로운 사회를 재건하기 위해 젠더를 해체해야 한다. 그래서 우리는 페미니스트의 슬로건인 '사적인 것은 정치적인 것이다.'를 되새길 수밖에 없으며, 젠더도 마찬가지이다.

지은이 **아이다 은디아예** Aïda N'Diaye

프랑스 고등사범학교 출신의 철학 교수이자 프랑스 공영 라디오 방송
사인 프랑스 앵테르의 칼럼니스트이다. 특히 〈그랑 비앙 부 파스!
(Grand bien vous fasse!)〉를 비롯한 여러 라디오 방송에 참여 중이
며, 2008년부터 '필로소피 매거진'에도 정기적으로 기고하고 있다.

그린이 **레아 뮈라비에크** Léa Murawiec

프랑스 에스티엔고등예술학교(École Estienne)에서 그래픽 디자인
을, 앙굴렘유럽이미지학교(EESI)에서 만화를 전공했다. 삽화가이자
만화 작가로 활동하고 있으며, 데뷔작으로는《그랑 비드》를 출간했다.

옮긴이 **이현**

건국대학교에서 철학을 전공하고 동 대학원에서 철학 석사 학위를 받
았으며, 현재 프랑스 서부 카톨릭대학교(Universite catholique de
l'ouest) 정신 분석 박사 과정을 수료 중이다.

감수 **김석**

프랑스 스트라스부르대학을 거쳐 파리8대학 철학과에서 '라캉의 욕망
하는 주체'를 주제로 철학 박사 학위를 받았다. 귀국 후 철학아카데
미, 고려대학교, 서울시립대학교 등에서 강의하다 2009년~2017년
건국대학교 자율 전공학부 교수를 맡았다. 2018년부터는 건국대학교
철학과 교수로 재직 중이다. 정신 분석 개념과 무의식 이론을 적용해
한국 사회의 여러 현상을 심층적으로 분석하면서 욕망의 윤리와 공동
체 모델을 철학적으로 제시하는 연구에 집중하고 있다.